タヌキ🍃キツネの英会話

原作・イラスト
アタモト

はじめに

　このたびは『タヌキとキツネの英会話』を手にとっていただき、ありがとうございます。

　本書は、大人気コミック『タヌキとキツネ』のキャラクターたちが、英会話の山に遊びにきた…そんな雰囲気の楽しい本です。

　どのページを開いても、キュートなタヌキとキツネがお出迎えしてくれるだけでなく、いろいろな英語まで教えてくれます。

　言葉に限らず、何かを学習するためにいちばん大事なことは、まず興味をもつことだと思います。興味をもって、楽しく学び、さらにそれを好きになれたら…「学習」は、「楽習」となるかもしれません。

英語って難しそう、なんか苦手…と思っていらっしゃるような方にこそ、本書をオススメします。きっと、「英語アレルギー」という名のハードルを、タヌキとキツネが取りのぞいてくれるはず。

　読み終えたときに、ちょっとだけ何かのフレーズが頭に残っていて、ほんのちょっとだけ、「英語って実は楽しいかも?」なんて思っていただければ幸いです。

リベラル社編集部

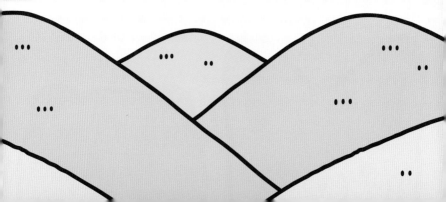

CONTENTS »

もくじ

CHARACTERS

キャラクター紹介

ウサギたち

月に住んでいる。
ときどきタヌキ山に遊びにくる。

オオカミ

いつも1匹でいて無口気味。
なぜだかタヌキに懐かれている。

トリたち

ぴよぴよ

タヌキ

のんびりしていて、おっちょこちょい。
どんなときでもマイペース。
キツネと遊ぶのが大好き。食べ物も大好き。

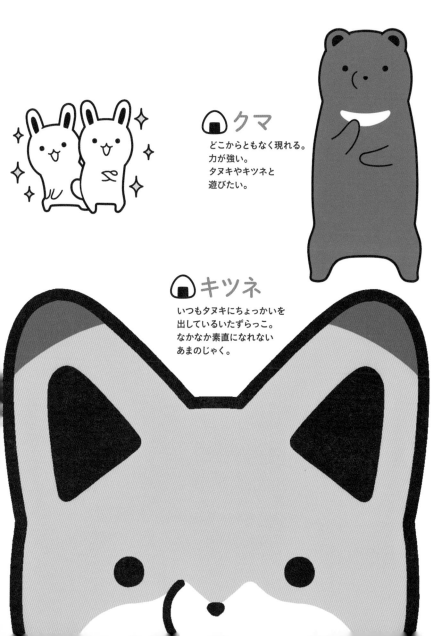

🍙クマ

どこからともなく現れる。
力が強い。
タヌキやキツネと
遊びたい。

🍙キツネ

いつもタヌキにちょっかいを
出しているいたずらっこ。
なかなか素直になれない
あまのじゃく。

- HOW TO USE -

本書の使い方

タヌキとキツネらしいかわいい言い回しを、2〜7語程度の短い英文にしています。音声といっしょに読めば、より楽しく覚えられます。

🔊 Track 013

結構イケる
Not bad at all.
ナッ　　　バッドアットオール

🔊 Track 014

かみきれない！
I can't bite it off!
アイ　キャント　バイティットオフ

not 〜 at all は「ぜんぜん〜ない」という意味です。「ぜんぜん悪くない」→「かなりいい」という意味になります。特にイギリスでよく使われるほめ言葉です。

Not bad at all.
結構イケる

Do you like it?
気に入った？

Not bad at all. は、Not bad. やvery goodよりよいときに使います。

食べものを「かむ」という意味でよく使うのが、biteとchewです。biteは口に食べ物を入れるときの「かむ」、chewは口の中でかみくだくときの「かむ」という違いがあります。

I can't bite it off!
かみきれない！

I'm not food.
食べものじゃないよ

Don't bite off more than you can chew.
（できないことをするな）という表現もあります。

かんたん解説で楽しくフレーズが覚えられます。英語のおもしろ豆知識もいっぱい詰まっています。

memo
知っておくと便利な単語や、解説で紹介しきれなかった情報を載せました。

実際の会話ではどんなやりとりになるか、ネイティブの気持ちになって読んでみよう。

- DOWNLOAD -

音声ダウンロードの方法

以下のURL、もしくはQRコードから音声をダウンロードして、ネイティブの発音を聞いてみましょう。

🔊 無料音声（MP3形式）

http://staff.liberalsya.com/?eid=175

※パソコンやスマホなどからアクセスできます。
※圧縮されたZIP形式としてダウンロードされますので、ソフトやアプリ等で解凍してからご利用ください。

パソコンの場合

①http://staff.liberalsya.com/?eid=175
　にアクセスし、ダウンロードしたい章をクリック。

②ダウンロードフォルダ内にファイルが保存されます。

スマートフォンの場合

■ 方法1

①お使いのインターネットブラウザを起動し、
　http://staff.liberalsya.com/?eid=175
　にアクセス。

②ダウンロードしたい章をタップ。

③ダウンロードが完了すると、スマホの最新情報の欄に完了のお知らせが表示されます。

※注意：設定によりファイルが格納されるフォルダが違います。

■ 方法2

①カバーのそで部分（カバー裏から本の内側に折り込まれている部分）についているQRコードを読み込む。

②ダウンロードサイトに移動しますので、ダウンロードしたい章をタップ。あとは方法1と同様です。

おいしい

おにぎりを食べたり、
お団子を食べたり。
今日は、タヌキとキツネは
何をほおばるのでしょうか。

これはたまらない！
This is heavenly!

ディス　イズ　　　ヘヴンリー

「天にも昇るほどおいしい」という意味です。goodやdeliciousではいい表せないほどおいしいと感じたときに使いましょう。使いすぎは禁物です。

This is heavenly!
これはたまらない！

Mmm... awesome!
ん〜、最高！

memo

This is divine!（これは神！）といういい方もあります。

モグモグ
Munch munch.
マンチ　　　　マンチ

食べものをかむときのモグモグ、ムシャムシャ、パクパクはmunchで表します。I munched on a hamburger.（わたしはハンバーガーを食べた）のようにも使えます。

Munch munch.
モグモグ

It looks good.
おいしそうだね

memo

麺をすする音はslurp（スラープ）といいます。

13

まだまだいける
I can't get enough of them.

アイ　キャーントゥ　ゲッ　　　イナフォブデム

can't get enough of 〜は「いくら〜があっても十分ではない」という意味で、「まったくあきない」「大好きだ」といいたいときに使うことができます。

I can't get enough of them.
まだまだいける

That should be enough.
もう十分でしょ

memo

「もうたくさん」「うんざり」といいたいときは I've had enough of this. で通じます。

14

コクがあるね
This is rich.

ディス　イズ　リッチ

richには「金持ちの」「豊富な」のほかに、「コクがある」「こってりしている」という意味もあります。ワインやソースの味を伝えるときに使えますよ。

> **This is rich.**
> コクがあるね

> **Yeah, this is very beautiful.**
> うん、とてもおいしいね

memo

beautifulは「おいしい」という意味でも使うことがあります。

すっぱ〜い

It's sour.

イッツ　　サウァ

「すっぱい」という意味でよく使われるのが、sourとtartです。sourは柑橘系、梅干し、腐った牛乳の酸っぱさ、tartはヨーグルトやリンゴなどのわずかな酸味を表すときに使います。

It's sour.
すっぱ〜い

I can't eat these.
自分にはムリ

memo

酢のすっぱさを表すのは、vinegaryです。

お団子食べよう
Let's grab dumplings.

レッツ　　　　グラブ　　　　　　ダンブリングズ

grabは「さっと食べる」という意味。友だちや同僚を、ランチなどのちょっとした食事に誘うときには、Let's grab a bite. と声をかけてみましょう。

> ### Let's grab dumplings.
> お団子食べよう

> ### Sounds good.
> いいね

memo

> 団子だけでなく、餃子、焼売、ラビオリもdumplingといいます。

ホクホク〜
It's nice and steamy.
イッツ　ナイス　アンドゥ　スティーミー

OIMO!

おいものホクホクした食感はsteamy、ねっとりした食感はwaxyといいます。nice and ○○は「いい具合に○○だ」という意味。○○には、hot、cleanなどさまざまな形容詞を入れることができます。

Uh... It's nice and steamy.
ん〜、ホクホク〜

And it's also sweet.
それに、甘いね

memo

「さつまいも」はsweet potato、「里いも」はtaroといいます。

おいしそう
It's mouth-watering.

イッツ　　　　　　　　マウス**ウォ**ータリング

mouth-wateringは、「よだれがでるほどおいしそう」という意味です。They have mouth-watering steaks.（あそこのステーキおいしいよ）という使い方もします。

It's mouth-watering.
おいしそう

Do you wanna try some?
食べてみる？

memo

mouth-wateringは、a mouth-watering match-up（楽しみな対戦）のように、
スポーツにも使えます。

食べすぎちゃダメ
Stop overeating.

スタップ　　　　　　　オウヴァーイーティング

おいしいものでも食べすぎは禁物です。「〜してはダメ」「〜するな」といいたいときは、Don't 〜だけでなく、Stop 〜も使えます。

> ### Stop overeating.
> 食べすぎちゃダメ

> ### I've only eaten 3 rice balls.
> まだ3個しか食べてないのに

memo

食べすぎの人に注意するには、Don't eat too much. といっても、もちろんOK。

20

よくのびるね！
How stretchy!

ハウ　ストゥレッチィ

うおー

stretchyは「伸縮性がある」という意味です。もち、チーズ、納豆を食べるときに使えます。
なお、「麺がのびる」はThe noodles get soggy. といいます。

How stretchy!
よくのびるね！

Hey! Cut it out!
ねぇ、やめてよ〜！

memo

「やめて」は、Cut it out! = Stop it! と覚えましょう。

いっしょに食べよ？

Why don't we share this?

ワイ　　　　ドンウィー　　　　シェア　　　ディス

じゃあ、お言葉に甘えて

Then, I'll take you up on that.

デン　　　アイル　　　テイキュー　　　アップ　　　オン　　　ザット

一つのものを「いっしょに食べよう」と提案するときは、shareを使いましょう。Why don't we ～? は、Let's ～ と同じ意味です。

Why don't we share this?
いっしょに食べよ?

Sure!
うん!

1
2
3
4
5

相手の申し出に応じるときに使えます。thatではなく、your offerということもあります。前かうしろにThanks.などの感謝の言葉を添えるとよいでしょう。

Then, I'll take you up on that.
じゃあ、お言葉に甘えて

Are you happy with the short one?
短いほうでいいの?

結構イケる
Not bad at all.

ナッ　　　　　バッダドール

not 〜 at all は「ぜんぜん〜ない」という意味です。「ぜんぜん悪くない」→「かなりいい」という意味になります。特にイギリスでよく使われるほめ言葉です。

> **Not bad at all.**
> 結構イケる

> **Do you like it?**
> 気に入った？

memo

> Not bad at all. は、Not bad. やvery goodよりよいときに使います。

かみきれない！
I can't bite it off!

アイ　キャント　バイティットフ

食べものを「かむ」という意味でよく使うのが、biteとchewです。biteは口に食べ物を入れるときの「かむ」、chewは口の中でかみくだくときの「かむ」という違いがあります。

I can't bite it off!
かみきれない！

I'm not food.
食べものじゃないよ

memo

Don't bite off more than you can chew.
（できないことをするな）という表現もあります。

25

どうしてもアレが食べたいな
I'm really craving one.

アイム　　　リアリィ　　　　クレイヴィング　　　ワン

craveは「とてもほしがる」「無性に〜したい」という意味で、wantより強い欲求を表します。
食べものや飲みものがほしいときによく使います。

> I'm really craving one.
> どうしてもアレが食べたいな

> **Are you hungry?**
> お腹がすいてるの？

memo

I have a craving for candy.（ものすごくキャンディーがほしい）のように、
craveを名詞の形（craving）として使うこともあります。

絶対気に入るよ
I bet you'd love it.

アイ　ベッ　ユードゥ　ラヴィッ

自分の発言に自信があるとき、「賭けてもいいよ」ということがありますよね。英語でも、bet（賭ける）を使って、I bet 〜 .（きっと〜だ）といいます。

Is this really good?
これって本当においしいの？

I bet you'd love it.
絶対気に入るよ

memo

相手の発言に、I bet. と返すと、「そのとおり」という同意の意味になります。

どっちもほしいなぁ
Actually... I want both.

アクチュアリー　　　アイ　　**ウォ**ントゥ　　**ボ**ウス

本来はI want both of them. というところを、会話ではI want both. または、Both of them. だけいうことがあります。actuallyをつけると、遠慮がちに自分の気持ちを伝えられます。

Which do you want?
どっちがいい？

Actually... I want both.
どっちもほしいなぁ

memo

「どっちでもいいよ」というときは、Either is fine. です。

これあげる
Have this.
ハヴ　　　ディス

ものをあげるときにgiveではなく、haveを使うこともあります。You can have this. ともいいます。haveのかわりにtake、keepを使うこともできます。

Have this.
これあげる

Wow! I'm hooked!
わー！　これ大好きなんだよね！

memo

I'm hooked. で「大好き」「ハマっている」という意味になります。

たまらな〜い！
I absolutely love it!

アイ　　　　　**ア**ブソリュートリー　　　　ラ**ヴィッ**

「ものすごくおいしい」というときに、goodなどを使わずに、I love 〜 を使うこともあります。「本当に」「絶対に」という意味のabsolutelyをつけると、よりおいしさが伝わるでしょう。

I absolutely love it!
たまらな〜い！

You really look happy.
いい顔してるね

memo

absolutelyのかわりにtotally、definitelyも使えます。

好き嫌いは特にありません
I'm not a fussy eater.

アイム　　　ナッタ　　　ファシー　　　イーター

fussy eaterは、食べものの好き嫌いが激しい人、「偏食家」のことです。I'm not fussy about food. といういい方もあります。

I'm not a fussy eater.
好き嫌いは特にありません

But that's not food.
でも、それ食べものじゃないよ

memo

好き嫌いが多い人は、picky eaterともいいます。

ちょっと無理かも
That seems a bit tough.

ザット　　　シームズ　　　アビット　　　タフ

出された料理の量が多くて食べきれないときなどに、I can't eat this much.（こんなに食べられません）とストレートに伝えるのは失礼なので、このようないい方をします。

That seems a bit tough.
ちょっと無理かも

That's obviously too much.
確かに多すぎるね

memo

That sounds tough.（大変そうだね）もあわせて覚えておきましょう。
聞いた話が極端な内容だった場合に使えます。

ちょーだい
Can I have it?

キャナイ　　ハヴィッ

Give it to me. でも通じるのですが、「もらってもいいですか？」という意味で、よりていねいなこちらの表現を使うことが多いです。haveのかわりにgetを使うこともできます。

Can I have it?
ちょーだい

Let's see.
どうしようかな

memo

You can have it. だと、「あげるよ」という意味になります。

やっぱり寿司だね
It's gotta be sushi.

イツ　　　　ガラビー　　　スシ

It's gotta be 〜は、It has got to be 〜の略。日常会話では、このように略して使います。
It must be 〜と同じく、「〜に違いない」「やっぱり〜だ」という意味です。

It's gotta be sushi.
やっぱり寿司だね

Absolutely!
そのとおり！

memo

sushiは数えられない名詞なので、aがついたり、複数形になったりしません。

34

食にどん欲だね
You're greedy.

ユア　　　　　グリーディー

greedy は「どん欲」「食い意地が張っている」という意味です。 a greedy eater/pigで、gluttonと同じく、「食いしん坊」という意味です。どちらも否定的なニュアンスがあります。

> **You're greedy.**
> 食にどん欲だね

> **Am I?**
> そうかな？

memo

「食いしん坊」「食通」を表すfoodieには、否定的な意味合いがありません。

ちょっと残しておいてね
Save some for me.

セイヴ　　　　サム　　　　フォー　　　ミー

ぐぇ

自分の分を取っておいてほしい場合に使えるフレーズです。some（ちょっと）がどのくらいの量を表すかは難しいところですが、さつまいもの半分は残してあげてほしいところです。

Save some for me.
ちょっと残しておいてね

I'll get back to you.
考えておく〜

memo

> 店で商品の取り置きをお願いするときは、Could you put it on hold for me? といいます。

本当においしかった
I really enjoyed it.

アイ　リアリィ　エンジョイディッ

英語には「ごちそうさまでした」に当たる言葉がないため、料理をほめたり、食事の時間を楽しんだことを伝えて、作ってくれた人への感謝の気持ちを表します。

I really enjoyed it.　Thank you.
本当においしかった　ありがとう

I'm so glad to hear that.
それはよかった

memo

Thank you. とセットで使うと、感謝の気持ちがより伝わります。

半分こしよう

Have half.

ハヴ　　　ハーフ

思ってたのと違う…

This is not what I expected...

ディシィズ　　　ナッ　　　ワダイ　　　イクスペクティッド

Let's split this. ともいえます。splitは「(ものを二つに)分ける」という意味で、ボーリングでピンが真っ二つに分かれてしまったときにも使いますね。

Have half.
半分こしよう

Can I?
いいの？

自分の想像と異なっていた場合はもちろん、予想以上だったときにも、期待外れだったときにも使うことができる表現です。確かに珍しい分け方ですよね。

This is not what I expected...
思ってたのと違う…

Any problem?
何か問題でも？

いってみよう！
英語の早口言葉

いうときに舌がもつれることからtongue twisterとよばれている早口言葉。
発音の練習にもなるので、ぜひ挑戦してみてください。

🌰 Red lorry, yellow lorry.

赤いトラック、黄色いトラック

❗ 「r」と「l」の発音の練習に最適です。lorryは「トラック」のイギリス英語。

🌰 She sells seashells by the seashore.

彼女は海岸で貝殻を売っている

❗ 「sh」と「s」の発音の違いに注意しましょう。

🌰 Betty loves the velvet vest best.

ベティはベルベットのベストがいちばんのお気に入りだ

❗ 「b」と「v」の練習ができます。「v」は上の歯を下唇の内側につけて発音します。

🌰 Peter Piper picked a peck of pickled peppers.

ピーター・パイパーは1ペックの唐辛子の酢漬けをつまんだ

❗ マザーグースのひとつ。「p」の音が続きます。うまくいえるようになったら、続きに挑戦してみましょう。

TRY

A peck of pickled peppers Peter Piper picked. If Peter Piper picked a peck of pickled peppers, where's the peck of pickled peppers Peter Piper picked?

ピーター・パイパーがつまんだ1ペックの唐辛子の酢漬け。もしピーター・パイパーが1ペックの唐辛子の酢漬けをつまんだなら、ピーター・パイパーがつまんだ1ペックの唐辛子の酢漬けはどこ？

すき

感情が素直に出せるタヌキと、
ちょっとツンデレなキツネは、
どんな風に「すき」を
伝えるのでしょうか。

2

きゅん
I got butterflies.
アイ　ガット　　　　　バタフライズ

「ドキドキする」という意味のget / have butterflies in my stomachを省略した表現です。
虫取りでチョウを捕まえたわけではありません。

Here it is.
はい、どうぞ

I got butterflies.
きゅん

memo

心ときめいたときには、My heart skipped a beat.（ドキッとした）
といういい方もあります。

キツネ推しです

Kitsune is my fave.

キツネ　　　　イズ　　　マイ　　　フェイヴ

faveはfavorite（お気に入り）の略。「推し」だけでなく、好きな本、映画、レストランなどを紹介するときにも使える表現です。

> **Kitsune is my fave.**
> キツネ推しです

> **Oh yeah?**
> 本当に？

memo

> fanと似たような意味のstanも、「熱烈なファン」のことをさします。
> I stan 〜の形で、〜に好きな歌手名などを入れると、「〜推し」が表せますよ。

早口言葉にハマってるんだ

I'm keen on tongue twisters.

アイム　　　キーノン　　　タン　　　トゥイスターズ

keen on 〜は、「〜に熱中している」という意味です。早口言葉はtongue twister。40ページに英語の早口言葉をいくつか紹介していますので、ぜひ挑戦してみてください。

> **I'm keen on tongue twisters.**
> 早口言葉にハマってるんだ

> **You can't say it correctly.**
> ちゃんといえてないよ

memo

keen on 〜のかわりに、be into 〜、crazy about 〜も使えます。

笑顔が素敵だね
You've got a beautiful smile.

ユーヴ　　　　　ガタ　　　　　ビューリフォー　　　　スマイル

You've got (a) beautiful ～は、相手の外見を「素敵ですね」とほめるときのいい方です。
beautifulだけではなく、wonderful、niceを使っても構いません。

You've got a beautiful smile.
笑顔が素敵だね

Oh, thank you.
ありがと

memo

ほめられたら、Thank you. やThanks. などと相手にお礼を伝えましょう。

よしよし
There, there.
デア　　　　　デア

相手を励ましたりなだめたりするときに使えるフレーズです。子どもに対して使うことが多いのですが、恋人や友だちに使うこともできます。

Mumble, mumble, mumble.
ムニャムニャムニャ

There, there.
よしよし

memo

頭をなでることがタブーな国や宗教もあります。
言葉が違えば、文化も異なるかもしれない、と心に留めておきたいですね。

ほっぺぷにぷに
Your cheeks are chubby.

ユア　　　　　チークス　　　アー　　　チャビー

柔らかくて程よい弾力のあるほっぺの感触は、chubby（ふっくら）またはsquishy（ぐにゃぐにゃ）でよく表現されます。

Your cheeks are chubby.
ほっぺぷにぷに

What are you doing?
何するの〜

memo

ほっぺに軽くキスをすることは、peck on the cheekといいます。

泣ける

It's a tear-jerker.

イッツァ　　　ティアー　　　ジャーカー

tear-jerkerは、「涙をさそうもの」という意味です。泣ける本、映画、劇などの話をするときに、使えるフレーズです。

> It's a tear-jerker.
> 泣ける

> Here, use my hanky.
> ほれ、ハンカチ

memo

「ハンカチ」はhandkerchiefまたはhankyといいます。

愛されキャラだね
You're a very likable person.

ヨラー　　　　　ヴェリー　　　　ライカブル　　　　　パーソン

「愛されキャラ」にぴったりの英語はありませんが、likable（好感がもてる）が比較的近い表現です。

> You're a very likable person.
> 愛されキャラだね

> **Are you jealous?**
> うらやましい？

memo

jealous（うらやんで）のかわりに、jellyも使えます。

本物みたい
It looks realistic.

イッ　　ルックス　　リアリスティック

「〜みたい」は、look、sound、seemなどで表現します。lookは見た目で判断する場合、soundは話を聞いて判断する場合、seemはさまざまな状況から主観的に判断する場合に使います。

Very well done. It looks realistic.
よくできてるね　本物みたい

They made it for me.
彼らが作ってくれたんだ

memo

You look like a real wolf.（本物のオオカミみたい）といっても
同じような意味になります。

ハグしてもいい？
Can I give you a hug?

キャナイ　　　　ギビュー　　　ア　　　ハグ

家族や友だちにも使うことができるフレーズです。反対に、ハグをしてほしいときには、
Gimme a hug! 、Can I have a hug? といってみてください。

Can I give you a hug?
ハグしてもいい？

Yes, but that's too tight...
いいよ、でもぎゅっとしすぎ…

memo

「バックハグ」は和製英語です。

51

おにぎりには目がないんだ
I have a thing for rice balls.

アイ　　ハヴァ　　スィング　　フォー　　ライス　　ボーゥズ

have a thing for ～は「～が大好き」「～フェチ」という意味です。自分が好きなものや、好みの異性のタイプを話すときに使えます。

I have a thing for rice balls.
おにぎりには目がないんだ

Very yummy, right?
おいしいもんね

memo

「～が苦手」といいたいときは、have a thing about ～で表します。

気に入られたみたい
I think I'm liked.

アイ　スィンク　アイム　ライクトゥ

I think 〜は、「〜のようだ」「〜みたい」という意味で、その場の雰囲気や状況から感じたことをいうときに使います。It seems 〜も同じ表現です。

> **A butterfly is on your muzzle.**
> 鼻の上にチョウがとまってるよ

> **I think I'm liked.**
> 気に入られたみたい

memo

> 「それは気に入られている」といいたいときは、It's well liked. 、
> 「彼／彼女は好かれている」は、He / She is well liked. といいます。

スヤスヤ寝てる

They're sleeping soundly.

ゼイアー　　　　　スリーピング　　　　サウンドリー

まったく世話が焼けるよ

You're really high-maintenance.

ユア　　　　リアリィ　　　ハイ　　　　メインテナンス

soundlyは「ぐっすり」という意味です。似た意味の表現に、They're sleeping like a log / baby. があります。

leave 〜 aloneは、「〜をほっておく」、「そのままにしておく」という意味です。

They're sleeping soundly.
スヤスヤ寝てる

Let's leave them alone.
そっとしておこう

high-maintenanceとは、「手がかかる」「世話が焼ける」ということ。人間、動物、もののいずれにも使うことができます。

sweetには「やさしい」という意味もあります。

Phew. You're really high-maintenance.
やれやれ　まったく世話が焼けるよ

That's so sweet of you.
やさしいね

むぎゅ

Let me give you a cuddle.

レッミー　　　　ギビュー　　　ア　　カドー

cuddleには、愛情をこめて抱きしめるというニュアンスがあります。赤ちゃんやペットを抱っこするときにも使います。友だちとあいさつ程度に軽く抱き合うならhugのほうがいいでしょう。

Let me give you a cuddle.
むぎゅ

Ow!
うっ！

memo

Let me 〜 . は、「わたしに〜させて」「〜してあげる」という意味です。

賢いなぁ
You're so smart.
ユア　　　ソウ　　　スマート

日本語では、やせている人に「あなたはスマートですね」ということがありますが、smart に「やせている」という意味はありません。「賢い」「知性がある」という意味です。

You're so smart.
賢いなぁ

Everyone knows that.
知ってて当たり前だよ

memo

cleverも「賢い」ですが、「ずる賢い」という意味で使われることもあります。

助かるよ
That would be amazing.

ザッ　　　　ウッ　　　　ビー　　　　アメイジング

手伝う

相手の提案や申し出に対して、「そうしてくれるとうれしい」と返事をするときに使うフレーズです。amazingのほか、nice、great、lovelyも使えます。

Do you need some help?
手伝おうか？

Thanks. That would be amazing.
ありがとう　助かるよ

memo

「手伝おうか？」と聞くときは、someを入れずに、Do you need help? といっても構いません。

ついついイジっちゃう
I can't resist teasing you.
アイ　キャントゥ　レジストゥ　ティージング　ユー

おおお

おおお

can't resist ～は「～せずにはいられない」「つい～してしまう」という意味です。can't help ～よりも、自分の欲求を抑えられないというニュアンスが強くなります。

Haha! Stop it!
あはは！　やめてってば～！

Sorry. I can't resist teasing you.
ごめん　ついついイジっちゃう

memo

teaseは「からかう」という意味です。

りりしいね
You look sharp.

ユー　　　　ルック　　　シャープ

sharp（鋭い、とがっている）を人に対して使うと、「きりりと引きしまっている」「頭が切れる」「勘が鋭い」という意味になり、立派なほめ言葉です。

> **You look sharp.**
> りりしいね

> **I know, right!**
> でしょでしょ！

memo

「（性格が）とがっている」というときは、edgyを使います。

ひょっとして天然?

Are you goofy by any chance?

アー　ユー　グーフィー　バイ　エニ　チャンス

メガネ
メガネ

「(性格が)天然」にぴったりの英単語はありません。goofyは「間抜けな」という意味なので、日本語の「天然」よりネガティブな意味合いが強いのですが、比較的近い言葉です。

Are you goofy by any chance?
ひょっとして天然?

No way!
そんなことないってば!

memo

by any chanceは「もしかして」「ひょっとして」という意味です。

とっても素敵!
Look at you!
ルッカッ　　　チュー

外見や服装をほめるときに、「素敵」「見違えた」という意味で使います。youを強調して、語尾を上げるのがポイント。Lookを強調すると、「ひどい有り様」という悪い意味になってしまいます。

Look at you!
とっても素敵!

Thanks for saying so.
そういってくれてうれしい

memo

ほめてくれた人には、I'm glad to hear that. と返しても、
同じようにうれしい気持ちを表せます。

本の虫だね
You're a bookworm.

ヨラー　　　　　　　ブックウォーム

「本の虫」はbookwormといいます。wormは、幼虫やミミズのような、細長くて足のない虫のこと。日本語のほぼ直訳なんですよ。

You're a bookworm.
本の虫だね

Kind of.
まあね

memo

Sort of. もKind of. と同じような意味です。

元気出して

Hang in there.

ハンギン　　　ゼア

Hang in there. は励ましの言葉です。落ち込んでいる人や物事がうまくいっていない人に対してよく使います。スポーツの場面では「がんばれ！」という意味で使うこともできます。

Hang in there.
元気出して

Could you give me some space?
少しそっとしておいて

memo

give me some spaceのかわりに、leave me aloneでもOK。

64

ツンデレだね
You run hot and cold.

ユー　　　ラン　　　　ホッアンド　　　コウルド

英語には「ツンデレ」に当たる言葉がありません。run hot and coldは気分がコロコロ変わる人のこと。ツンデレのニュアンスは伝わるはずです。

I don't wanna play with you.
君とは遊びたくない

You run hot and cold.
ツンデレだね

memo

> 「ツンデレ」は、At first you seem cold, but you actually are warm.
> （最初はクールだけど、本当はやさしいね）ということもできます。

これもわたしなりの愛情表現なんだ

This is also my expression of love.

ディシィズ　　オールソウ　　マイ　　エクスプレッション　　オヴ　　ラヴ

「愛情表現」は、expression of loveといいます。いくら愛がこもっていても、相手が嫌がることはつつしんでほしいものです。

This is also my expression of love.
これもわたしなりの愛情表現なんだ

I know. But please go easy on me.
わかるよ　でもお手やわらかにね

memo

go easy on 〜は「お手やわらかにする」「〜に手加減する」という意味です。

大好きだよ!
Love you!

ラヴ　　　ユー

恋人だけでなく、家族や親友に対しても使うことができます。恋人に「愛してる」という気持ちを伝えるときは、I'm in love with you. ということもあります。

Love you!
大好きだよ!

Love you, too!
わたしも!

memo

> 好きといわれたときの「わたしも!」の返事は、Me too. ではなく、You too. です。
> You too. はI love you too. の略なので、Love you too. の方がベター。

おねが〜い

Pretty please.

プリティー　　　　　プリーズ

しかたない、今回だけね

OK, just this time.

オウケイ　　ジャス　　ディス　　タイム

うひょー

かわいくお願いをするときは、pleaseの前にprettyをつけるだけでOK。表情、声、いい方に気を配ることも大切です。Pretty please with a cherry on top. といういい方もあります。

pretty pleaseはpleaseの強意形なので、「一生のお願い」という意味でも使います。

Pretty please.
おねが～い

Huh?
ん？

OKは「いいよ」といいたいときに気軽に使える言葉ですが、英語では「まあいいですよ」という意味合いで使うこともあります。快く応じるなら、sureのほうがいいでしょう。

justをつけると、今回「だけ」というニュアンスが伝わります。

OK, just this time.
しかたない、今回だけね

Thank you! Love ya!
ありがと～！ 大好き！

「だるまさんがころんだ」 は何という？

日本で定番の伝承遊びの中には、
英語圏でも親しまれているものがあります。

🌰 だるまさんがころんだ

アメリカではRed light, Green light（赤信号、青信号）といいます。交通警官（鬼）が "Green light!" というと、ほかの人たちはスタートラインから警官のほうに向かって動き出し、"Red light!" といったらピタッと止まらなければなりません。止まれなかった人はスタートラインからやり直し。最初に警官にタッチした人が勝ちです。

なお、イギリスではGrandmother's footsteps、オーストラリアではWhat's the time, Mr. Wolf? とよばれています。

🌰 にらめっこ

staring contestといいます。目を閉じて向かい合い、始まったら目を開いてじっと見つめ合います。先に瞬き、よそ見、もしくは笑ったら負けです。

🌰 鬼ごっこ

「鬼ごっこ」はtag、「鬼」はitといいます。さまざまなバリエーションがあり、「こおり鬼」はfreeze tag、stuck in the mud、「色鬼」はcolor tagとよばれています。ルールは日本とほとんど同じです。

びっくり

キツネのいたずらに

どきっ！

タヌキの天然な

行動にどっきり！

驚きにもいろんな形が

あります。

3

びっくりした〜

You made me jump.

ユー　　メイドゥ　　ミー　　ジャンプ

大きな音に驚いたときに使える表現が、made me jumpです。jumpには、突然の音や行動にビクッとするという意味があります。

Happy birthday! Bang!
誕生日おめでとう！　　パーン！

Wow! You made me jump.
わぁー！　　びっくりした〜

memo

「びっくりした」といいたいときは、You gave me a heart attack.
（心臓が止まるかと思った）という表現もあります。

ビクッとしちゃった！
You startled me!

ユー　　　　スタートォード　　　ミー

startleは「びっくりさせる」という意味です。前ページのYou made me jump. と同じように、何かに驚いてにビクッ、ドキッ、ギョッとしたときに使うことができます。

You startled me!
ビクッとしちゃった！

Sorry. I didn't think it would be this annoying.
ごめん　こんなに迷惑だと思わなかったよ

memo

紙鉄砲は、海外では知られていません。突然の音で相手を不快にさせないよう気をつけましょう。

え、なんで?
How come?

ハウ　　　カム

How come? は「なぜ?」という意味です。カジュアルな表現であり、予想外のことが起きて、驚きの気持ちをもって「なぜそうなったのか」と聞くときにぴったりです。

How come?
え、なんで?

You tell me.
むしろこっちが聞きたいくらい

memo

How comeの後に文を続ける場合、How come+主語+述語〜? の順になります。

イタッ!
Ow!
アウ

Ouch! と同じく、ケガをしたときや痛みを感じたときに発する言葉です。Ow! Ouch! のように、両方いうこともあります。

Ow!
イタッ!

You all right?
大丈夫?

memo

「だるま落とし」はDaruma Drop。海外にはないおもちゃです。

放して〜!
Let go!
レッゴウ

let goは、持っているもの、つかんでいるものを「放す」、人を「解放する」という意味です。
強い口調で大きな声でいうと、より効果的です。

Let go!
放して〜!

Not now.
今はダメ

memo

「〜を手放す」はlet go of 〜です。

あきれた
Words fail me.
ワーズ　　　　フェイル　　　ミー

直訳すると「言葉で表現できない」ですが、「あきれる」という意味で使います。あきれる
あまり言葉が出てこないときにぴったりですね。

I'm stuck.　Get me out of here.
はまっちゃった　ここから出して

Phew.　Words fail me.
やれやれ　あきれた

memo

「あきれた」といいたいときは、You amaze me. という表現もあります。

悪気はなかったんだ
I didn't mean any harm.

アイ　　ディドゥン　　ミーン　　エニィ　　ハーム

誤ってまずいことをしてしまったときに使う表現です。「～するつもりはなかった」というときは、meanの後にto＋動詞を入れて、I didn't mean to hurt you.（傷つけるつもりはなかった）などと表します。

What are you doing!?
何するの!?

Sorry. I didn't mean any harm.
ごめん　　悪気はなかったんだ

memo

「何してるの?」という意味のWhat are you doing? は、やらかした人に対して「何やってんだよ」という意味でも使います。

キャー！ 助けて！
Yipe! Save me!
ヤイプ　　　セイヴ　　ミー

「助けて！」というと、Help me! を真っ先に思いつくでしょうが、Save me! というと、困難から救われることを心から願う気持ちも表せます。

> ### Yipe! Save me!
> キャー！　助けて！

> ### It's me. Sorry to scare you.
> わたしだよ　驚かせてごめんね

memo

> saveは後にmoneyがつくと、「お金を節約する」、後にtimeがつくと、
> 「時間を節約する」という意味にもなります。

どいて〜！
Move it!

ムーヴィットゥ

Move! の一言だけでもOKですが、強いいい方なので、親しい人以外には使わないほうがよいです。ていねいにお願いするときは、Could you move over a little?（少しどいていただけませんか？）といいましょう。

Move it! I can't see in front of me.
どいて〜！ 前が見えないよ

I don't wanna move.
ここにいたい

memo

in front ofの対義語はbehindです。

もう電池切れです
I'm already out of juice.

アイム　　　オーレディ　　　　　アウタヴ　　　ジュース

out of juiceは「電池切れ」という意味のスラングです。スマホやパソコン関連にはもちろん、人に対しても「すごく疲れている」という意味で使うことができます。

I'm already out of juice.
もう電池切れです

Are you OK?
大丈夫？

memo

「電池切れ」なくらい疲れている状態は、I'm exhausted. ということもできます。

大変だ！

Oh, gosh!

オウ　　　ゴッシュ

どうしたの？

What's going on?

ワッツ　　　　ゴウインノン

驚いたときにOh my god!（おお神よ！）という人が多いですが、「神」という意味のgodを使うのは不適切だと考える人もいるので、かわりにgoshやgoodnessが使われます。myは省略することも。

「大変だ！」とあわてているときには、Oh, no! も使えます。日本語では、「うわー！」というときに当てはまります。

Zzz
グーグー

Oh, gosh!
大変だ！

一体何が起きているのか、状況を聞くときに使うフレーズです。また、How are you? のようなあいさつとして使われることもあります。

「背中」はback、「お腹」はstomachといいます。

What's going on?
どうしたの？

Your back is on fire.
背中に火がついてるよ

しまった!
Oh dear!

オウ　ディアー

驚いたとき、がっかりしたとき、悪いことが起きたときなどについ口をついて出てしまうフレーズです。日本語の「あらまあ！」「やれやれ」「しまった！」などに当たります。

I'm gonna tie it more tightly.
もっときつく結ぼうっと

Oh dear!　We got stuck.
しまった！　出られないよ

memo

「しまった！」は、Dear!、Dear me! ともいいます。

目が痛いよ〜
My eyes are burning.
マイ　　　アイズ　　　アー　　　バーニン

シャボン玉やシャンプーが目に入ると、「イタタ…」となることがありますよね。そんなときは、My eyes hurt. でもいいのですが、ヒリヒリ痛むならこのようないい方もできます。

> ## Puff.
> ふー

> ## Ouch! My eyes are burning.
> イタッ！　目が痛いよ〜

memo
> The bubbles got in my eyes!（シャボン玉が目に入った！）と、
> 直接状況をいい表しても通じます。

こら、待てっ!

Hey now!
ヘイ　　ナウ

相手のよくない言動を止めようとするときにかける言葉です。「おい、コラ」「あのなあ」のような意味になります。使うときには、強い口調でいいましょう。

> **Help me!**
> 助けて〜!

> **Hey now!**
> こら、待てっ!

memo

Hey! だけいうこともあります。

ぎゃあ！
Yikes!

ヤイクス

驚いたり、突然恐怖を感じたときなどにあげる悲鳴です。おばけや火の玉が現れたときは、
Ahhhh! と叫ぶだけのことも。

Yikes! It's a ghost!
ぎゃあ！　おばけだ！

Where?
どこどこ？

memo

> 「おばけ」や「ゆうれい」はghostやmonsterで表せます。日本の「妖怪」は、
> Japanese folk monsterといいます。

うそでしょ?
For real?

フォー　　　リアル

「マジで!?」に当たるスラングです。Really?、Are you serious?、No way! などと同じように、驚いたときや相手の発言が信じられないときに使ってみてください。

For real?
うそでしょ?

What?
何が?

memo

> 相手の言動に対して「うそでしょ?」とリアクションしたいときには、似たような表現の
> No kidding!（冗談でしょ?）も覚えておきましょう。

お大事に
Bless you.
ブレス　　　ユー

くしゃみをした人に対してかける言葉です。God bless you. の略で、本来は「神のご加護がありますように」という意味です。「くしゃみをする人には悪霊がついている」という古い迷信が由来になっています。

Achoo.
ハクション

Bless you.
お大事に

memo
Bless you. といわれたら、Thank you. と返します。

何事？
What's the deal?
ワッツ　　　ザ　　ディール

「どうなってるの？」「どうしたの？」と、状況をたずねるときに使うフレーズです。What's going on? も、同じように使えます。

> ## What's the deal?
> 何事？

> ## Sorry. I slipped and fell down.
> ごめん　足を滑らせてこけちゃったんだ

memo

What's the big deal? だと、「それがどうした？（大したことじゃない）」という意味です。

よくそこで寝られるね
How can you sleep there?

ハウ　　　　キャンニュー　　　　スリープ　　　デア

「よく〜できるね」は、How can you 〜? といいます。あきれているようなときは、How dareを使って、How dare you sleep there? といいます。

How can you sleep there?
よくそこで寝られるね

I'm used to it.
慣れてるからね

memo

dareは「あえて〜する」という意味です。

危なかった
That was close.

ザッワズ　　　　クロウス

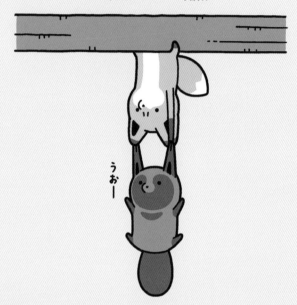

うぉー

closeには「近い」という意味があることから、「もう少しでそうなりそうだった」→「危なかった」という意味になります。スポーツやゲームでは、「惜しい」という意味で使うことも。

Everything will be OK.
もう大丈夫だよ

That was close. You are a lifesaver.
危なかった　ほんとに助かったよ

memo

> closeは、クロウズではなく、クロウスと発音します。

なんだって?
What was that?

ワッワズ　　　ザッ

Pardon?（何とおっしゃいましたか？）、Can you say that again?（もう一度お願いできますか？）と同じように、相手のいったことがよくわからなかったときに使います。

> ### What was that?
> なんだって?

> ### I won't say that anymore.
> もういわないよ

memo

現在形のWhat's that? でもOK。

93

ここまでは順調

So far, so good.

ソウ　ファー　ソウ　グッ

気をつけて!

Look out!

ルッ**カ**ウト

「今までのところ」のso far と、so goodをセットにした フレーズです。so goodは「と てもよい」ではなく、「まあ まあよい」くらいのニュアン スです。

So far, so good.
ここまでは順調

Keep it up!
その調子！

look outには、「外を見る」だ けでなく、「注意する」「気を つける」という意味がありま す。Watch out! も同じよう な意味です。

Oops!
おっと！

Look out!
気をつけて！

'fox'がつく英語表現

『タヌキとキツネ』ではかわいいキツネですが、
一般的には「ずる賢い」印象があります。しかし、日本では神話に登場したり、
神社に祀られたりして昔から親しまれてきた動物のひとつでもあります。
キツネは英語でfox。英語圏でも「人をだます、ずる賢い」というイメージがあり、
foxを使った表現には、そのイメージが反映されています。

🌰 fox's sleep

「寝たふり」のこと。「たぬき寝入り」は、英語では「きつね寝入り」なんですよ。

🌰 (as) sly as a fox

「キツネのようにずる賢い」つまり「とてもずる賢い」という意味です。
(as) cunning as a foxともいいます。

🌰 crazy like a fox

こちらも「ずる賢い」という意味ですが、「愚かにふるまっているけど、実は賢い」というニュアンスがあります。

🌰 Don't let the fox guard the henhouse.

「キツネに鶏小屋の番をさせるな」という意味。信用できない者に重要な仕事を任せてはいけないことをたとえたことわざです。

いいね！

ほめられるとうれしいタヌキと、
素直にほめないキツネ。
「いいね！」をめぐっての
やりとりをのぞいてみましょう。

4

キマってるね
It's on fleek.

イッツォン　　　　フリーク

on fleekは、「イケてる」「かっこいい」という意味の比較的新しいスラングです。特にまゆ毛、髪型、メイクなどがばっちりキマっているときにぴったりの表現です。

It's on fleek.
キマってるね

You really think so?
ほんと？

memo

fleekだけで使うことはなく、on fleekの形で使います。

よくできました
Excellent.

エクセレント

「非常に優れている」という意味をもつ、goodよりも上のほめ言葉です。先生が生徒をほめるときに、Good job. / Great job. / Well done. / Perfect. とならんで、よく使われます。

I got a 100 on my test.
テストで100点取ったよ

Excellent.
よくできました

memo

> excellent chance（絶好の機会）も覚えておきましょう。
> have an excellent chance to ～で「～する絶好の機会がある」です。

99

動きが軽快だね
You've got light feet.
ユーヴ　　　ガット　　　ライト　　　フィート

lightには「軽い」という意味があり、light feetで「軽快な足取り」を表します。動物、スポーツ選手、ダンサーの動きを表現するときに使うことがあります。

You've got light feet.
動きが軽快だね

I'm dog-tired.
くたくただよ

memo

「軽快な」という意味のnimbleを使って、You're nimble. ともいいます。

すごい！
Incredible!

インクレディブォー

「信じられない」という本来の意味だけでなく、「すごい」「素晴らしい」という意味でも使われます。goodやgreatよりも上の、最上級のほめ言葉の一つです。

Incredible!
すごい！

My arms are twitching.
腕がプルプルしちゃうよ

memo

最上級のほめ言葉には、他にもawesome、amazing、unbelievableなどがあります。

待ってました！
Finally!
ファイナリー

「待つ」という言葉が入っていますが、waitは使いません。待ち望んでいたものがようやく来たという意味合いなので、「ついに」という意味のfinally 1語で表現します。

Here you go.
お待たせ

Finally!
待ってました！

memo

> Here you go. は ものを渡すときに使う表現です。
> Here you are.（さぁどうぞ）も同じ場面で使えます。

なかなかいい感じ
Pretty good.
プリティ　　　　　グッ

prettyをgoodなどの形容詞の前で使うときは「なかなか」「まあまあ」という意味になります。
a little（少し）より程度が強いものの、very（とても）やquite（かなり）よりは弱いです。

What do you think?
どう？

Pretty good.
なかなかいい感じ

memo

Pretty good. は、自分が思っていたよりも状況・状態がよいときにも使います。

今年は豊作だ

We had a good harvest this year.

ウィ　　ハダ　　グッ　　ハーヴェスト　ディス　イヤー

「豊作」はa good harvest、「不作」はa bad / poor harvestです。harvestのかわりにcropを使うこともあります。農作物名を入れるときは、a good grape harvestのように、goodとharvestの間に入れます。

We had a good harvest this year.
今年は豊作だ

What are we gonna make?
何作ろうか？

memo

cropには「作物」以外に、「頭や毛を刈る」という意味もあります。

どっちがどっちかわからない
I can't tell which is which.

アイ　　キャント　　テル　　ウィッチ　　イズ　　ウィッチ

「わからない」が見分けられない、区別できないという意味の場合、I can't tell 〜を使います。
I can't tell good wine from bad.（よいワインと悪いワインを区別できない）のような使い
方をします。

> ### I can't tell which is which.
> どっちがどっちかわからない

> ### Me neither.
> わたしも

memo

> 「わたしもわからない」というときは、I can't either.、
> フォーマルならNeither can I. ともいいます。

105

お見事!

Superb!
スパーブ

「すごい」「素晴らしい」「見事」という意味のほめ言葉。ややかたい表現です。くだけた Super!（すげー！）といういい方もあります。

Here I go.
あらよっと

Superb!
お見事！

memo

> 「お手玉」はbeanbag、「お手玉をする」はtoss beanbagsといいます。

おそろいだね
We are matching.
ウィ　アー　　　　マッチング

「おそろい」にはmatchを使います。もっとくわしく、We are wearing matching capes.
（マントがおそろいだね）といってもOKです。

We are matching.
おそろいだね

It really suits you.
とても似合っているよ

memo

フードのないマントはcapeといいます。「マント」はフランス語が語源とされています。

107

かわいすぎる！
Cuteness overload!

キューネス　　　　　オウヴァーロウド

イラッ！
You're annoying!

ユア　　　　　アノイング

直訳すると、「かわいさが超過している」という意味。主にSNSで使われている表現です。cutenessの前にsuperをつけることもあります。

memo

Yeah, right? は「よくいうよ」「うそだぁ」のような意味で使います。相手の発言にあきれたときに使える皮肉がこめられた表現です。

Cuteness overload!
かわいすぎる！

Yeah, right?
自分でいっちゃう？

相手の言動にイライラしたときのひと言です。かなりストレートないい方なので、使う相手に注意しましょう。より強調したいときはso annoyingとsoをつけましょう。

memo

annoyingより少し強い表現にirritatingがあります。

You're annoying!
イラッ！

Calm down.
落ち着いて

なかなか上手いでしょ?

I'm quite good, right?

アイム　クワイト　グッ　ライッ

「〜でしょ?」と、相手に同意を求めるいい方をしたいときは、文末に「, right?」をつけましょう。カジュアルでもビジネスでも使える便利な表現です。

 I'm quite good, right?
なかなか上手いでしょ?

True.
そうだね

memo

友だちや家族との会話では文末にrightではなく、huhをつけることも。

イケてる

You're snatched.

ユア　　　　　スナッチト

snatchedは新しいスラングです。英語には「かっこいい」という意味の言葉がいくつもあるので、かっこよさに応じて使い分けましょう。この場合なら、snatchedのかわりにhot、funkyという語も使えます。

You're snatched.
イケてる

I know.
でしょ

memo

snatchは「（ものを）ひったくる」という意味です。

えっ、いいの?

Are you sure?

アー　ユー　シュア

相手の言動について「それは確かなのか」「本当にそれでいいのか」を確認するときに使います。Areを省略して、You sure? と語尾を上げていうこともあります。

> Are you sure?
> えっ、いいの?

> **Go for it.**
> どうぞ

memo

Go for it. は「がんばれ」という意味ですが、相手の要望を許可したり、何かすることを勧めたりするときにも使えます。

ねえ、見て見て！
Hey, look at me!

ヘイ　　　　　ルッカッ　　　　ミー

lookは、意識してものを「見る」ときに使います。自分を見てもらいたくて、相手の注意を引く場合に、ぴったりのフレーズです。

Hey, look at me!
ねえ、見て見て！

Looks like fun.
楽しそうだね

memo

> 「見て！」というときは、Watch me! も同じような意味で使えます。

お茶の子さいさいだよ

It's as easy as pie.

イッツ　アズ　イーズィー　アズ　パイ

「超簡単」という意味の定番表現。甘くておいしいパイはぺろりと食べられますよね。それと同じくらいたやすいことだというニュアンスです。

It looks impossible.
難しそう

It's as easy as pie.
お茶の子さいさいだよ

memo

> 「超簡単」は、It's a piece of cake. といっても伝えられます。

様になってるよ
That's so you.
ザッツ　ソウ　ユー

「あなたらしい」という意味で、服装や髪型が似合っているとほめるときにぴったりのフレーズです。人だけでなく、That's so Japan.（日本らしい）のように、ものや場所にも使えます。

That's so you.
様になってるよ

I think so too.
自分でもそう思う

memo

> thatのかわりにitを使ってIt's so 〜 . でも、同じような意味になります。

ほめられて伸びるタイプです
I thrive on compliments.
アイ　　　スライヴ　　　オン　　　　　カンプリメンツ

complimentは「ほめ言葉」という意味です。同じような意味をもつpraiseとは異なり、「お世辞」という意味もあります。

Good of you.
よしよし、いい子だ

I thrive on compliments.
ほめられて伸びるタイプです

memo

thrive on 〜は「〜で成長する」という意味です。

力加減はどうですか?
How's the pressure?
ハウズ　　　ザ　　　プレッシャー

ぐえー

マッサージの際に使える表現です。「ちょうどいい」と答えるなら Just right. または Perfect.
強く／弱くしてほしいなら、Can you press harder / softer? といいましょう。

How's the pressure?
力加減はどうですか?

Perfect.
完ペキです

memo

Where do you feel most stiff?（どこがいちばんこっていますか）と聞いても伝わります。

さすがだね

I knew you could do it.

アイ　　ニュー　　ユー　　クッドゥー　　イット

「あなたができると思った」という意味です。何かをやり遂げた相手に対して、喜びと称賛の気持ちを表します。家族や親しい人に使うフレーズです。

I did it!
できた！

I knew you could do it.
さすがだね

memo

> I know you can do it. だと、「君ならできるよ」という応援や励ましの言葉になります。

捕まえた！
Gotcha!

ガッチャ

I got you! の略です。「捕まえた」以外にも、「わかった」「み〜ちゃった」「してやったり」という意味があります。その場の状況と会話の流れで、どの意味かを理解しましょう。

> Gotcha!
> 捕まえた！

> Wow!
> すごいね！

memo

昆虫を「捕まえる」は、getかcatchを使います。

いい汗かいてるね
You're working up a good sweat.

ユア　　　　ワーキング　　　アップ　ア　　グッ　　　スウェット

work up a sweatには、運動などをして「(気持ちよい)汗をかく」というニュアンスがあります。
You're sweaty. といういい方だと、「汗くさい」というネガティブな意味合いが含まれます。

You're working up a good sweat.
いい汗かいてるね

I can't do this anymore.
もう限界

memo

セミの鳴き声は、日本語だと「ミーンミーン」などといいますが、
これに当たる擬音語は英語にはありません。

じゃじゃーん！
Ta-da!

タダー

自分が何かを披露するときに使う言葉です。両手を広げながらいうことが多いようです。
「じゃじゃーん！」と同じイントネーションでいってみてください。

Ta-da!
じゃじゃーん！

Unbelievable!
すごすぎ！

memo

Ta-daは、ファンファーレの音に由来しています。

どれが本物でしょう?

Which is the real one?

ウィッチ　イズ　ザ　　リアル　　ワン

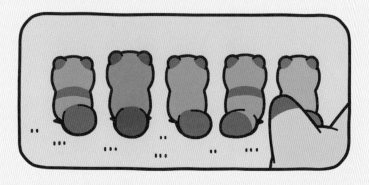

当たり!

You got it!

ユー　　　ガリッ

「本物」はrealまたはgenuine、authentic、「偽物」はfakeといいます。日本語でも本物をリアル、偽物をフェイクということがありますよね。

memo

「右端」はthe rightmost、「右から2番目」はthe second from the right といいます。

Which is the real one?
どれが本物でしょう？

The middle, right?
真ん中でしょ？

「正解」のいい方はいくつかあり、Correct! 、Bingo! 、Bulls eye! あたりもよく使われています。bulls eyeとは、ダーツの中心にある二重円のことです。

memo

「不正解」はwrongといいます。
この場合では、You were wrong. といいます。

You got it!
当たり！

Yes!
やったー！

123

タヌキは英語圏では マイナー？

　日本人にとってタヌキは、人里にたびたび現れ、昔話やことわざにも登場するなじみ深い動物です。

　しかし、欧米ではほとんど知られていません。英語ではraccoon dog、つまり「アライグマのような犬」とよばれていますが、この名称を聞いてタヌキとわかる人は少ないでしょう。タヌキとアライグマは、見た目は似ていても、生物分類学上まったく別の生き物です。また、タヌキはイヌ科の動物ですが、犬でもありません。

　タヌキはもともと東アジアに生息していました。20世紀に入ってから毛皮をとる目的でヨーロッパに持ち込まれたのをきっかけに、現在ではヨーロッパの多くの国で見つかっています。野生のタヌキが見られるのはまだまだ珍しいとはいえ、生態系に悪影響を及ぼすおそれがあることから、侵略的外来種としてやっかい者扱いされるようになりました。アメリカでも「害獣」と認定されていて、国内への持ち込みが禁止されています。今は一部の動物園で見ることができるくらいです。

　世界のあちこちでよそ者として肩身の狭い思いをしているタヌキですが、SNSやネットでは、人気上昇中。丸っこい体と愛くるしい顔に、メロメロになる人が続出しているとか。日本のアニメやゲームのキャラクターからタヌキを知る人も増えており、世界がタヌキのとりこになる日は意外と近いかもしれません。

5

しあわせ

ちょっかいを出したり、

いろいろ競争したり、

毎日ドタバタ…

でも、どちらもきっと幸せだから

いっしょにいるのです。

気分がいいな

I'm in a good mood.

アイム　インナ　グッ　ムードゥ

moodは「気分」、「機嫌」という意味です。機嫌が悪いときは、goodをbadにすればOK。「そんな気分じゃない」という意味のI'm not in the mood. もよく使います。

I'm in a good mood.
気分がいいな

I bet.
そうだと思った

memo

「ムードメーカー」は和製英語。英語ではthe life of the partyといいます。

一度やってみたかったんだ
I've always wanted to try it.

アイヴ　　　オールウェイズ　　　ウォンテッド　　　トゥ　　トライット

I've always wanted to ～で「ずっと～したかった」という意味です。alwaysは完了形とセットで使うと、「いつも」ではなく、「以前からずっと」という意味になります。

> I've always wanted to try it.
> 一度やってみたかったんだ

> That's great.
> よかったね

memo

I've always been like this.（わたしは昔からずっとこうだ）のように使えます。

めっちゃうれしい

I'm jumping for joy.

アイム　　　　ジャンピング　　　フォー　　　ジョイ

日本語の「とび上がるほどうれしい」と同じく、とてもうれしい様子を表したフレーズです。
実際に飛んでいなくても使えますよ。

I'm jumping for joy.
めっちゃうれしい

I'm so happy too.
わたしもうれしいよ

memo

> ものすごくうれしい気持ちは、I'm over the moon. 、
> I'm on cloud nine. を用いても表せます。

128

ようこそ
Thanks for coming.

サンクス　　フォー　　**カミング**

「ようこそ」というと、Welcome! を思い浮かべるかもしれません。もちろん間違いではありません。友だちが来てくれたときには、このようないい方もします。

Thanks for coming.
ようこそ

Hi! How are you?
やあ！　お邪魔します

memo

招待された側は、帰り際に、Thanks for having me.
（招待してくれてありがとう）とお礼をいうのを忘れずに。

何かいいことあった?
Did something good happen?

ディド　　　　　　　サムシング　　　　　　　グッド　　　　　　ハプン

「何か」を表すとき、肯定文ではsomething、否定文と疑問文ではanythingを使うと学校では
習います。でも、相手がYesと答えることを想定している場合には、疑問文でもsomething
を使います。

> Did something good happen?
> 何かいいことあった?

> Take a guess.
> なんだと思う?

memo

I'll leave it to your imagination.（ご想像にお任せします）という答え方も。

しばらくこうしててもいい?
Can I stay like this for a while?

キャナイ　ステイ　ライク　ディス　フォー　ア　**ワイル**

stay like thisは「この(ような状態の)ままでいる」という意味です。foreverを使って、I wanna stay like this forever.(ずっとこうしていたい)といういい方もよくします。

> ### Can I stay like this for a while?
> しばらくこうしててもいい?

> ### Just this once.
> 今回だけ特別だよ

memo

It can't stay like this.(このままではいけない)もいっしょに覚えておきましょう。

もうやめて〜
Oh, come on.
オウ　　　　カモン

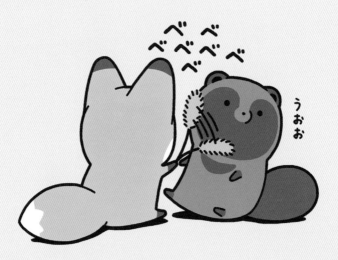

come onには、「やめて」「いい加減にして」という意味もあります。絶対にやめてほしいのか、そうでない（実はそんなに嫌ではない）のかは表情やいい方で伝えましょう。

Oh, come on.
もうやめて〜

Hmm. What am I gonna do?
う〜ん　どうしようかな

memo

What should I do? も「どうしようかな」という意味で使えます。

あぁ、いい湯だな
Ahh... Great.
アー　　　　グレイト

気持ちのよいお風呂につかった瞬間を表現するのに、余計な言葉はいりません。great、awesome、amazingなど、「よい」という意味の言葉をひと言つぶやけば、あなたの気持ちは伝わるでしょう。

Ahh... Great.
あぁ、いい湯だな

We can feel refreshed.
疲れが吹き飛ぶよね

memo

refreshは日本語でいう「リフレッシュ」と同じように
「気分をスッキリさせる」という意味です。

ルンルン気分
I'm walking on air.

アイム　　　　　ウォーキンゴン　　　　エア

walk on airは、直訳すると「空中を歩く」という意味ですが、とてもうれしい気持ちであることを表す言葉として使われています。

> ### I'm walking on air.
> ルンルン気分

> ### Why do you look so happy?
> なんでそんなにうれしいの？

memo

> とてもうれしい気持ちを表すときは、128ページのjump for joyを使っても表現できます。

くすぐったい
That tickles.

ザット　　　　ティックルズ

tickleは「くすぐる」「くすぐったい」という意味です。体のどこかに不快感があるときにも、My nose tickles.（鼻がムズムズする）、My throat tickles.（のどがイガイガする）のように使えます。

Coochie-coochie-coo.
こちょこちょ

That tickles.
くすぐったい

memo

Stop tickling me.（くすぐらないで）というのもアリです。

お正月はまだかな
We can't wait for the New Year.

ウィー　　キャント　　ウェイト　　フォー　　ザ　　ニュー　　イヤー

「まだかな」という待ち遠しい気持ちや、「楽しみ」という心待ちにする気持ちは、can't wait（待ちきれない）を使って表現することができます。

We can't wait for the New Year.
お正月はまだかな

This year has just begun.
今年が始まったばかりだよ

memo

> look forward to（～を楽しみに待つ）を使って、
> We look forward to the New Year. といっても同じ意味です。

おいしいものを食べてるときがいちばん幸せ
Delicious food makes me happiest.

デリシャス　　　　フード　　　　メイクス　　　ミー　　　ハピエスト

直訳すると「おいしいものがわたしを最も幸せにしてくれる」という意味です。「〜しているときがいちばん幸せ」といいたいときは、I feel happiest when 〜を使って表現することもできます。

Delicious food makes me happiest.
おいしいものを食べてるときがいちばん幸せ

I prefer to sleep.
わたしは寝てるときかな

memo

「おいしいもの」はsomething deliciousといういい方もあります。

似合う？

Does this look good on me?

ダズ　　ディス　　ルック　　グッドン　　ミー

ほめられちゃった

I got praised.

アイ　ガット　　ブレイズド

look good on 〜は「(服などが) 〜に似合う」という意味。相手の服装を「似合ってるよ」とほめるときには、It looks good on you. といいます。とても似合っているときはgreatを使いましょう。

memo

服が似合っているかどうか気になるときは、How do I look? と聞くこともあります。

Does this look good on me?
似合う？

It looks great.
とても

get praised by 〜の形にすると、「〜にほめられる」という意味。praiseのかわりにcomplimentedも使えます。もっと簡単な単語を使ったKitsune said nice things about me. といういい方もあります。

memo

「お世辞だよ」はThat's apple polishing. ともいいます。子どもが先生に気に入られたくて、リンゴをとって磨いて渡す行為から派生したフレーズです。

I got praised.
ほめられちゃった

That's just flattery.
お世辞だよ

わーい！
Whee!
ウィー

うれしいときや、興奮したときに発するひと言です。日本語の「わーい」「やったー」に当たります。eの数を増やすと、より気持ちが高まっている様子が伝わります。

Here we go!
行くよ！

Whee!
わーい！

memo

気持ちが高まったときには、Yippee! も使えます。

ぬくぬく〜

I feel warm and snug.

アイ　　フィール　　　ウォーム　　　　アン　　　スナグ

snugは「心地よい」「快適な」など、cozyやcomfortableと同じような意味です。snugを使った慣用句には、snug as a bug in a rug（居心地がいい）があります。

I feel warm and snug.
ぬくぬく〜

I get sleepy.
眠くなっちゃう

memo

> snugには「ぴったり」という意味もあります。

いいところを知ってるよ
I know just the place.

アイ　　ノウ　　ジャスト　　ザ　　プレイス

just the 〜は「ぴったりの〜」「ちょうどいい〜」という意味です。〜のところにpersonを入れた「うってつけの人」、thingを入れた「まさしくそのもの」という表現もよく使います。

I know just the place.
いいところを知ってるよ

Take me there.
連れてって

memo

justのうしろにtheを入れるのを忘れずに。

この枕気持ちいい
This pillow is comfy.

ディス　　ピロウ　　イズ　　カンフィー

comfyはcomfortable（くつろいだ）のカジュアルな略語です。会話やSNSでは、短くていいやすいcomfyが好んで使われます。

> ## This pillow is comfy.
> この枕気持ちいい

> ## I'm not a pillow.
> 枕じゃないんだけどなぁ

memo

comfy clothesだと「部屋着」という意味。loungewearともいいます。

縁起がいいね

It's a good omen.

イッツァ　　　　グッ　　　オウメン

うぉー

omenは「縁起」「前兆」のこと。good / bad omenで、縁起がいい／悪い、吉兆／凶兆という意味になります。goodのかわりにhappy、badのかわりにevil、blackを使うこともあります。

> ## It's a good omen.
> 縁起がいいね

> ## It's a bummer!
> まいった！

memo

> bummerは「がっかりすること」「残念なこと」という意味で、これ一語だけでも、「まいった！」「残念！」という意味で使えます。

息をのむほどきれい
It's breathtaking.

イッツ　　　　　　ブレステイキン

breathtakingは「息をのむような」という意味です。beautifulやwonderfulではいい表せないくらい美しいもの、素晴らしいものを見たときに使いましょう。

> It's breathtaking.
> 息をのむほどきれい

> **Let's make a wish on a shooting star.**
> 流れ星に願いごとしようよ

memo

breathtakingには、「ハラハラする」という意味もあります。

気持ちよさそうに寝てるなぁ
Sound asleep.

サウンド　　　　　　アスリープ

sound asleepは熟睡している様子を表します。このsoundは「音」ではなく、「ぐっすりと」「十分に」という意味です。Sleep soundly.（ぐっすり寝てね）もいっしょに覚えましょう。

Sound asleep.
気持ちよさそうに寝てるなぁ

Please keep it down.
静かにね

memo

fast asleepでも「ぐっすり寝ている」様子が表せます。

夢がかなったよ
It's a dream come true.

イッツァ　　　ドリーム　　　　カムトゥルー

おそろい

dream come trueは「夢がかなう」という意味です。3語でひとつのフレーズのように使われています。定番の表現なので、文を丸ごと覚えましょう。

It's a dream come true.
夢がかなったよ

Good for you.
よかったね

memo

「夢がかなった」「夢をかなえた」は、My dream has come true. ともいえます。

ものすごくうれしい
I'm happy as a lark.
アイム　　ハッピー　　アズ　ア　ラーク

「とてもうれしい」「すごく幸せ」という気持ちを表すフレーズです。larkは鳥の「ヒバリ」。larkのところをclam（二枚貝）にしても同じ意味で使えます。

I'm happy as a lark.
ものすごくうれしい

Let's eat them.
食べよう

memo

a larkをLarryに変更してもOKです。Larry（ラリー）は人の名前で、1980年代の有名なボクサーが由来だという説があります。

温かくするんだよ
Stay warm.
ステイ　　　ウォーム

「温かい状態を保ってね」というニュアンスなので、動詞はstayまたはkeepを使います。寒い日には、別れ際のあいさつとしてよく使われています。

Stay warm.
温かくするんだよ

It's a bit hot.
ちょっと暑いかな

memo

Bundle up.（厚着しなさい）とセットで使うこともあります。

149

最高の気分!
I'm on top of the world!
アイム　オン　トップ　オブ　ザ　ワールド

「わたしは世界の頂点にいます」という直訳から想像できるとおり、とても幸せな気持ちを表すフレーズ。134ページのwalk on airも同じような意味です。

I'm on top of the world!
最高の気分!

Hold on tight.
しっかりつかまっててね

memo

「〜につかまって」はhold on to 〜を使って、Hold on to the handrail.（手すりにつかまって）のようにいいます。

150

君みたいな友だちがいて幸せだよ
I'm so lucky to have a friend like you.

アイム　　ソウ　　ラッキー　　トゥ　　ハヴァ　　フレンド　　ライキュー

luckyには「運がよい」以外に、「幸せ」という意味があります。friendのところを、husband（夫）、parents（両親）、sister（姉／妹）など、大切な人にかえていってみてください。

I'm so lucky to have a friend like you.
君みたいな友だちがいて幸せだよ

Thanks for saying so.
そういってもらえてうれしいよ

memo

誕生日などで、お祝いしてもらった人が周りの人に感謝していう代表的な表現です。

いつもそばにいてくれてありがとう
Thank you for always being there.

サンキュー　　　フォー　　オールウェイズ　　ビーング　　ゼァ

こちらこそ
Likewise.

ライクワイズ

「いつもありがとう」は Thank you as always. または、Thanks always. が定番です。家族や恋人、親友などの特別な人にはこのようない方もします。

memo

No, thank YOU. は、断りの返事No, thank you.（いいえ、結構です）とは異なり、YOUを強調していうのがポイント。

Thank you for always being there.
いつもそばにいてくれてありがとう

No, thank YOU.
こちらこそありがとね

相手からの言葉をそのまま返したいときのフレーズ。「こちらこそ」「あなたもね」という意味になります。普段の会話ではもちろん、ビジネスやフォーマルな場でも使うことができます。

memo

Thanks. だけでは足りないくらい感謝しているときは、うしろにa lotやa millionをつけましょう。

Thanks a million.
本当にありがとう

Likewise.
こちらこそ

ら

わ

や

原作・イラスト	アタモト
執筆協力	山崎香織
装丁・本文デザイン	鈴木章、小松礼（skam）
組版	山本秀治（アクト）
英文協力	嶋本ローラ
録音協力	嶋本ローラ、久米由美（スタジオスピーク）
校正	前嶋和佳
編集	山田吉之（リベラル社）
編集人	伊藤光恵（リベラル社）
営業	澤順二（リベラル社）
制作・営業コーディネーター	仲野進（リベラル社）

編集部　渡辺靖子・安田卓馬・鈴木ひろみ
営業部　津村卓・津田滋春・廣田修・青木ちはる・竹本健志・春日井ゆき恵・持丸孝
　　　　榊原和雄

タヌキとキツネの英会話

2021 年 7 月 27 日　初版発行
2022 年 9 月 17 日　再版発行

編　集	リ ベ ラ ル 社
発行者	隅 田 直 樹
発行所	株式会社 リベラル社
	〒460-0008 名古屋市中区栄 3-7-9 新鏡栄ビル8F
	TEL 052-261-9101　FAX 052-261-9134
	http://liberalsya.com
発　売	株式会社 星雲社（共同出版社・流通責任出版社）
	〒112-0005 東京都文京区水道1-3-30
	TEL 03-3868-3275
印刷・製本所	株式会社 シナノパブリッシングプレス